Rund um das Rüschhaus

Rund um das Rüschhaus

Gedichte von Annette von Droste-Hülshoff
mit Illustrationen von Heinz-Günter Artmann

ASCHENDORFF MÜNSTER

Die Gedichte sind zitiert nach:
Annette von Droste-Hülshoff. Gedichte.
Herausgegeben von Bodo Plachta und Winfried Woesler.
Frankfurt am Main, 1994.

ISBN 3-402-05347-0
Druck: Druckhaus Aschendorff, Münster, 2002
Gedruckt auf säurefreiem, alterungsbeständigem Papier ∞

Das Rüschhaus war schon in meiner Jugend Ziel vieler Wanderungen mit meiner Familie und der Schule. So ergab es sich in den letzten Jahren wie von selbst als Motiv für meine mit Bleistift angelegten Tuschezeichnungen. Der große münsterische Baumeister Johann Conrad Schlaun, dessen Landsitz Rüschhaus war, plante dazu einen großartigen Barockgarten, der mich als Gartenarchitekt besonders anspricht.

Ein Jahrhundert nach Schlaun wohnte hier Annette von Droste-Hülshoff, Deutschlands große Dichterin, deren Gedichte, Prosa und Briefe man heute immer noch mit viel Gewinn liest.

Meine Lieblingsgedichte von ihr, die ich zu meinen Zeichnungen wählte, beschreiben zum großen Teil die damalige Landschaft um Rüschhaus.

Zu den Zeichnungen hier noch einige Erläuterungen:

Seite 25: Hier diente eine Luftaufnahme als Vorlage
Seite 37: Das Wappen der Familie Schlaun
Seite 45: Johann Conrad Schlaun nach einem Gemälde
Seite 47: Die Drostebüste stammt von dem Bildhauer Anton Rüller
Seite 51: Der dargestellte Gartenentwurf wurde nach dem Originalplan von J.C. Schlaun gezeichnet
Seiten 55 und 57: Das Gartenhaus der Schwester Jenny
Seiten 59 bis 67: Die Sandsteinputten stellen die vier Elemente Wasser, Feuer, Luft und Erde dar
Seite 77: Der fliegende Fisch, Wappen der Familie Droste-Hülshoff
Seite 85: Die Droste nach einem Gemälde von Johannes Sprick
Seite 89: Annettes Schneckenhäuschen

Für das persönliche Vorwort von Prof. Dr. Winfried Woesler, dem Vorsitzenden der Droste-Gesellschaft, bedanke ich mich herzlich.

Heinz-Günter Artmann

VORWORT

Der alte Gräftenhof Haus Rüschhaus wurde in der jetzigen Form vom westfälischen Barockbaumeister Johann Conrad Schlaun (1695-1773) in den Jahren 1745-1749 als privates Wohnhaus erbaut. Die äußere Form von Haus, Nebengebäuden und Garten einschließlich ihrer Details, die hier von der Feder Artmanns eingefangen, liebevoll und ästhetisch ansprechend festgehalten sind, haben die Zeit unverändert überdauert. Dieses architektonische Juwel, das auf dem Grundriß eines westfälischen Bauernhauses aufgebaut und Elemente höfischen Wohnens gleichgewichtig präsentiert, ist heute ein weltweit anerkanntes Denkmal unter dem Schutz der Unesco. Noch größer freilich ist die Bedeutung des Rüschhauses für die literarische Kultur Deutschlands. 1825 hatte der Vater Annette von Droste-Hülshoffs (1797-1848), Clemens August von Droste-Hülshoff (†1826), das Rüschhaus erworben. Schon 1826 zog Therese von Droste-Hülshoff, die Mutter der Droste und ihrer Schwester Jenny, als Witwe mit ihren beiden Töchtern hierhin, während der älteste Sohn Werner die Verwaltung des ca. 5 km entfernten Familien-Stammsitzes Haus Hülshoff übernahm. Hier wohnte, von einigen Reisen an den Bodensee unterbrochen, bis 1846 Annette von Droste-Hülshoff, hier reifte sie in der Abgeschiedenheit zur großen deutschen Dichterin, was freilich nur möglich war, weil sie zugleich die literarische Tradition und das literarische Leben mit großer Aufmerksamkeit aufnahm.

Das Innere des Schlaunschen Hauses erfuhr im Gegensatz zum Äußeren mit dem Einzug der Droste-Hülshoffs einige bauliche Veränderungen, unter anderem wurde die kleine Wohnung über dem Stall für die Droste ausgebaut. Das Haus bewahrt aber heute innen insgesamt gut die biedermeierliche Atmosphäre des Landadels in der ersten Hälfte des 19. Jahrhunderts. Obwohl das Mobilar weit überwiegend nicht mehr dem originalen Inventar der Droste-Zeit angehört, die einfühlsame Einrichtung des „Schneckenhäuschens“, des Wohn- und Arbeitszimmers der Droste, z.B. ist die gelungene Rekonstruktion nach einer Zeichnung.
Die Motivauswahl Artmanns vom Inneren des Hauses und deren künstlerische Präsentation machen die

Droste-Zeit dem Betrachter lebendig. Lyrische Dichtung läßt sich zwar nie restlos auf das Biographische zurückführen – die Welt der Poesie ist eine von Grund auf eigenständige bzw. neugestaltete –, doch wächst im Leser das Verständnis für die Gedichte der Droste zweifellos, wenn er um ihre Biographie und ihre gesellschaftliche und landschaftliche Umwelt weiß. Einen wesentlichen Teil ihrer Gedichte konzipierte die Droste in der Zeit ihres Lebens im Rüschhaus, auch wenn die meisten erst woanders, z.B. auf der Meersburg am Bodensee, ihre endgültige Gestalt gewannen.

Dieser von Artmann vorgelegte kleine Band erleichtert den Zugang zum Leben und zur Dichtung der Droste. Freilich war ihr Leben nicht nur so idyllisch, wie es sich heute beim Besuch des Rüschhauses und bei der Betrachtung dieser Zeichnungen zeigen mag. Darum sind im vorliegenden Band auch Texte voller Ängste, Zweifel und Selbstbehauptungswillen mit abgedruckt, das berühmte Dichtergedicht: „Der Dichter – Dichtersglück“ und das große letzte – wenn auch unvollendete – Gedicht der Droste, „An einem Tag wo feucht der Wind“, das im Spätsommer 1846 im Rüschhaus entstand, kurz bevor sie ein letztes Mal nach Meersburg aufbrach.

Rüschhaus, im Dezember 2001

Winfried Woesler
Vorsitzender der Droste-Gesellschaft

Das Büchelchen

Dies Büchlein nimm mit mildem Sinn;
Zwar ist's im Grunde leer –
Und doch ist gar was Liebes drin,
Schau nur bedächtig her.

Das Haus in der Heide

Wie lauscht, vom Abendschein umzuckt,
Die strohgedeckte Hütte,
– Recht wie im Nest der Vogel duckt, –
Aus dunkler Föhren Mitte.

Am Fensterloche streckt das Haupt
Die weißgestirnte Sterke,
Bläst in den Abendduft und schnaubt
Und stößt an's Holzgewerke.

Seitab ein Gärtchen, dornumhegt,
Mit reinlichem Gelände,
Wo matt ihr Haupt die Glocke trägt,
Aufrecht die Sonnenwende.

Und drinnen kniet ein stilles Kind,
Das scheint den Grund zu jäten,
Nun pflückt sie eine Lilie lind
Und wandelt längs den Beeten.

Am Horizonte Hirten, die
Im Heidekraut sich strecken,
Und mit des Aves Melodie
Träumende Lüfte wecken.

Und von der Tenne ab und an
Schallt es wie Hammerschläge,
Der Hobel rauscht, es fällt der Span,
Und langsam knarrt die Säge.

Da hebt der Abendstern gemach
Sich aus den Föhrenzweigen,
Und grade ob der Hütte Dach
Scheint er sich mild zu neigen.

Es ist ein Bild, wie still und heiß
Es alte Meister hegten,
Kunstvolle Mönche, und mit Fleiß
Es auf den Goldgrund legten.

Der Zimmermann – die Hirten gleich
Mit ihrem frommen Liede –
Die Jungfrau mit dem Lilienzweig –
Und rings der Gottesfriede.

Des Sternes wunderlich Geleucht
Aus zarten Wolkenfloren –
Ist etwa hier im Stall vielleicht
Christkindlein heut geboren?

Der Knabe im Moor

O schaurig ist's über's Moor zu gehn,
Wenn es wimmelt vom Heiderauche,
Sich wie Phantome die Dünste drehn
Und die Ranke häkelt am Strauche,
Unter jedem Tritte ein Quellchen springt,
Wenn aus der Spalte es zischt und singt,
O schaurig ist's über's Moor zu gehn,
Wenn das Röhricht knistert im Hauche!

Fest hält die Fibel das zitternde Kind
Und rennt als ob man es jage;
Hohl über die Fläche sauset der Wind –
Was raschelt drüben am Hage?
Das ist der gespenstige Gräberknecht,
Der dem Meister die besten Torfe verzecht;
Hu, hu, es bricht wie ein irres Rind!
Hinducket das Knäblein zage.

Vom Ufer starret Gestumpf hervor,
Unheimlich nicket die Föhre,
Der Knabe rennt, gespannt das Ohr,
Durch Riesenhalme wie Speere;
Und wie es rieselt und knittert darin!
Das ist die unselige Spinnerin,
Das ist die gebannte Spinnlenor',
Die den Haspel dreht im Geröhre!

Voran, voran, nur immer im Lauf,
Voran als woll' es ihn holen;
Vor seinem Fuße brodelt es auf,
Es pfeift ihm unter den Sohlen
Wie eine gespenstige Melodei;
Das ist der Geigemann ungetreu,
Das ist der diebische Fiedler Knauf,
Der den Hochzeitheller gestohlen!

Da birst das Moor, ein Seufzer geht
Hervor aus der klaffenden Höhle;
Weh, weh, da ruft die verdammte Margreth:
„Ho, ho, meine arme Seele!"
Der Knabe springt wie ein wundes Reh,
Wär' nicht Schutzengel in seiner Näh',
Seine bleichenden Knöchelchen fände spät
Ein Gräber im Moorgeschwele.

Da mählich gründet der Boden sich,
Und drüben, neben der Weide,
Die Lampe flimmert so heimatlich,
Der Knabe steht an der Scheide.
Tief atmet er auf, zum Moor zurück
Noch immer wirft er den scheuen Blick:
Ja, im Geröhre war's fürchterlich,
O schaurig wars in der Heide!

*Der Heidemann**

„Geht, Kinder, nicht zu weit in's Bruch,
Die Sonne sinkt, schon surrt den Flug
Die Biene matter, schlafgehemmt,
Am Grunde schwimmt ein blasses Tuch,
Der Heidemann kömmt! – "

Die Knaben spielen fort am Raine,
Sie rupfen Gräser, schnellen Steine,
Sie plätschern in des Teiches Rinne,
Erhaschen die Phalän' am Ried,
Und freu'n sich, wenn die Wasserspinne
Langbeinig in die Binsen flieht.

„Ihr Kinder, legt euch nicht in's Gras, –
Seht, wo noch grad' die Biene saß,
Wie weißer Rauch die Glocken füllt.
Scheu aus dem Busche glotzt der Has,
Der Heidemann schwillt! – "

Kaum hebt ihr schweres Haupt die Schmele
Noch aus dem Dunst, in seine Höhle
Schiebt sich der Käfer und am Halme
Die träge Motte höher kreucht,
Sich flüchtend vor dem feuchten Qualme,
Der unter ihre Flügel steigt.

„Ihr Kinder, haltet euch bei Haus,
Lauft ja nicht in das Bruch hinaus;
Seht, wie bereits der Dorn ergraut,
Die Drossel ächzt zum Nest hinaus,
Der Heidemann braut! – "

Man sieht des Hirten Pfeife glimmen,
Und vor ihm her die Herde schwimmen,
Wie Proteus seine Robbenscharen
Heimschwemmt im grauen Ozean.
Am Dach die Schwalben zwitschernd fahren
Und melancholisch kräht der Hahn.

„Ihr Kinder, bleibt am Hofe dicht,
Seht, wie die feuchte Nebelschicht
Schon an des Pförtchens Klinke reicht;
Am Grunde schwimmt ein falsches Licht,
Der Heidemann steigt! – "

Nun strecken nur der Föhren Wipfel
Noch aus dem Dunste grüne Gipfel,
Wie über'n Schnee Wacholderbüsche;
Ein leises Brodeln quillt im Moor,
Ein schwaches Schrillen, ein Gezische
Dringt aus der Niederung hervor.

„Ihr Kinder kommt, kommt schnell herein,
Das Irrlicht zündet seinen Schein,
Die Kröte schwillt, die Schlang im Ried;
Jetzt ist's unheimlich draußen sein,
Der Heidemann zieht! – "

Nun sinkt die letzte Nadel, rauchend
Zergeht die Fichte, langsam tauchend
Steigt Nebelschemen aus dem Moore,
Mit Hünenschritten gleitet's fort;
Ein irres Leuchten zuckt im Rohre,
Der Krötenchor beginnt am Bord.

Und plötzlich scheint ein schwaches Glühen
Des Hünen Glieder zu durchziehen;
Es siedet auf, es färbt die Wellen,
Der Nord, der Nord entzündet sich –
Glutpfeile, Feuerspeere schnellen,
Der Horizont ein Lavastrich!

„Gott gnad' uns! wie es zuckt und dräut,.
Wie's schwelet an der Dünenscheid'! –
Ihr Kinder, faltet eure Händ',
Das bringt uns Pest und teure Zeit –
Der Heidemann brennt! – "

*Hier nicht das bekannte Gespenst, sondern die Nebelschicht, die sich zur Herbst- und Frühlingszeit Abends über den Heidegrund legt.

Im Moose

Als jüngst die Nacht dem sonnenmüden Land
Der Dämmrung leise Boten hat gesandt,
Da lag ich einsam noch in Waldes Moose.
Die dunklen Zweige nickten so vertraut,
An meiner Wange flüsterte das Kraut,
Unsichtbar duftete die Heiderose.

Und flimmern sah ich, durch der Linde Raum,
Ein mattes Licht, das im Gezweig der Baum
Gleich einem mächt'gen Glühwurm schien zu tragen.
Es sah so dämmernd wie ein Traumgesicht,
Doch wußte ich, es war der Heimat Licht,
In meiner eignen Kammer angeschlagen.

Ringsum so still, daß ich vernahm im Laub
Der Raupe Nagen, und wie grüner Staub
Mich leise wirbelnd Blätterflöckchen trafen.
Ich lag und dachte, ach so Manchem nach,
Ich hörte meines eignen Herzens Schlag,
Fast war es mir als sei ich schon entschlafen.

Gedanken tauchten aus Gedanken auf,
Das Kinderspiel, der frischen Jahre Lauf,
Gesichter, die mir lange fremd geworden;
Vergeßne Töne summten um mein Ohr,
Und endlich trat die Gegenwart hervor,
Da stand die Welle, wie an Ufers Borden.

Dann, gleich dem Bronnen, der verrinnt im Schlund,
Und drüben wieder sprudelt aus dem Grund,
So stand ich plötzlich in der Zukunft Lande;
Ich sah mich selber, gar gebückt und klein,
Geschwächten Auges, am ererbten Schrein
Sorgfältig ordnen staub'ge Liebespfande.

Die Bilder meiner Lieben sah ich klar,
In einer Tracht, die jetzt veraltet war,
Mich sorgsam lösen aus verblichnen Hüllen,
Löckchen, vermorscht, zu Staub zerfallen schier,
Sah über die gefurchte Wange mir
Langsam herab die karge Träne quillen.

Und wieder an des Friedhofs Monument,
Dran Namen standen die mein Lieben kennt,
Da lag ich betend, mit gebrochnen Knieen,
Und – horch, die Wachtel schlug! Kühl strich der Hauch –
Und noch zuletzt sah ich, gleich einem Rauch,
Mich leise in der Erde Poren ziehen.

Ich fuhr empor, und schüttelte mich dann,
Wie Einer, der dem Scheintod erst entrann,
Und taumelte entlang die dunklen Hage,
Noch immer zweifelnd, ob der Stern am Rain
Sei wirklich meiner Schlummerlampe Schein,
Oder das ew'ge Licht am Sarkophage.

ANGELIS
ARCANGELIS
OMNIBUS SANCTIS

<Wie sind meine Finger so grün>

Wie sind meine Finger so grün
Blumen hab ich zerrissen
Sie wollten für mich blühn
Und haben sterben müssen
Wie neigten sie um mein Angesicht
Wie fromme schüchterne Lieder
Ich war in Gedanken, Ich achtets nicht
Und bog sie zu mir nieder
Zerriß die lieben Glieder
In sorglosem Mut
Da floß ihr grünes Blut
Um meine Finger nieder
Sie weinten nicht, sie klagten nicht,
Sie starben sonder Laut
Nur dunkel ward ihr Angesicht
Wie wenn der Himmel graut
Sie konnten mirs nicht ersparen
Sonst hätten sie's wohl getan, –
Wohin bin ich gefahren!
In trüben Sinnens Wahn!
O töricht Kinderspiel!
O schuldlos Blutvergießen!
Und gleichts dem Leben viel,
Laßt mich die Augen schließen,
Denn was geschehn ist, ist geschehn
Und wer kann für die Zukunft stehn!

Der Weiher

Er liegt so still im Morgenlicht,
So friedlich, wie ein fromm Gewissen;
Wenn Weste seinen Spiegel küssen,
Des Ufers Blume fühlt es nicht;
Libellen zittern über ihn,
Blaugoldne Stäbchen und Karmin,
Und auf des Sonnenbildes Glanz
Die Wasserspinne führt den Tanz;
Schwertlilienkranz am Ufer steht
Und horcht des Schilfes Schlummerlieder;
Ein lindes Säuseln kommt und geht,
Als flüstr' es: Friede! Friede! Friede! –

Vers 1–12

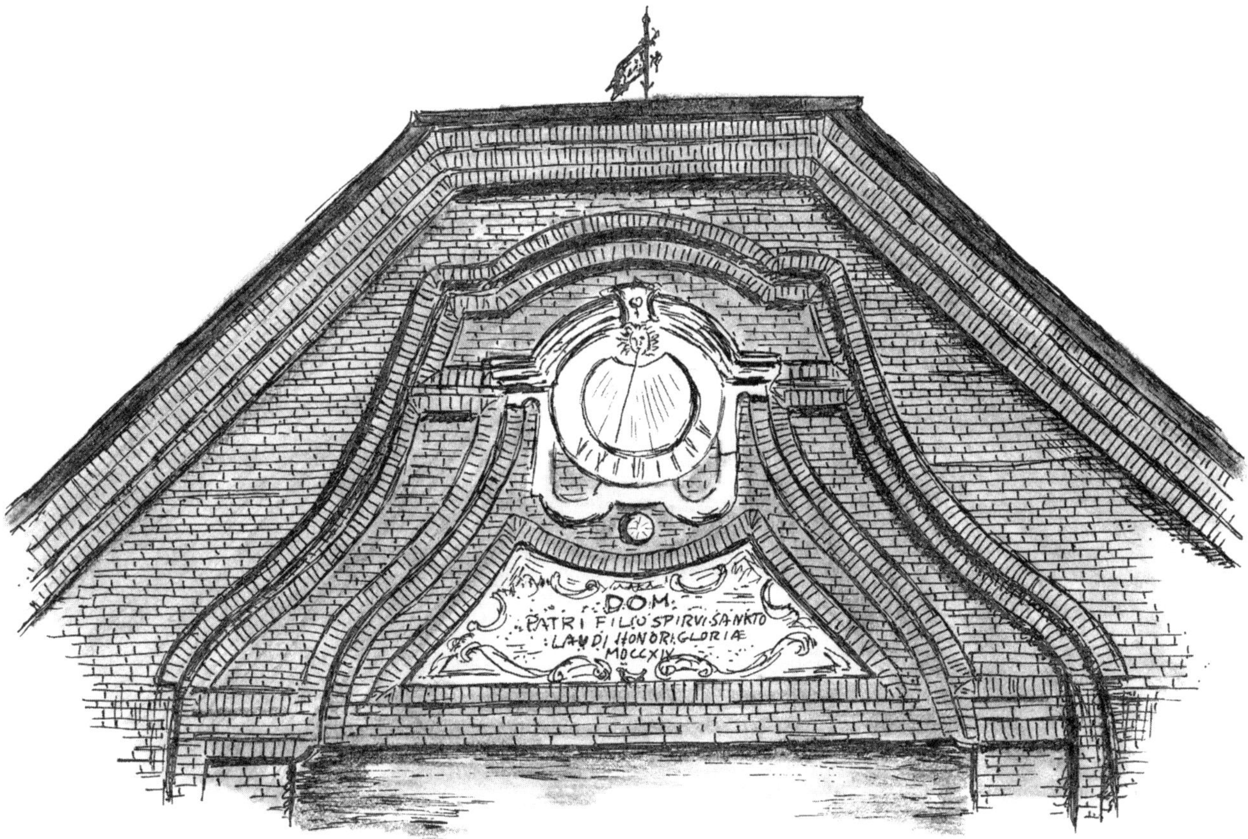
D.O.M.
PATRI FILIO SPIRVI SANKTO
LAUDI HONORI GLORIÆ
MDCCXIV

Das Schilf

Stille, er schläft, stille! stille!
Libelle, reg' die Schwingen sacht,
Daß nicht das Goldgewebe schrille,
Und, Ufergrün, halt gute Wacht,
Kein Kieselchen laß niederfallen.
Er schläft auf seinem Wolkenflaum,
Und über ihn läßt säuselnd wallen
Das Laubgewölb der alte Baum;
Hoch oben, wo die Sonne glüht,
Wieget der Vogel seine Flügel,
Und wie ein schlüpfend Fischlein zieht
Sein Schatten durch des Teiches Spiegel.
Stille, stille! er hat sich geregt,
Ein fallend Reis hat ihn bewegt,
Das grad zum Nest der Hänfling trug;
Su, Su! breit', Ast, dein grünes Tuch –
Su, Su! nun schläft er fest genug.

Der Weiher. Vers 13–29

XII
D·O·M·
PATRI. FILIO. SPIRITVI SANCTO
LAVDI HONORI GLORIÆ·
MDCCXLV

Kinder am Ufer

O sieh doch! siehst du nicht die Blumenwolke
Da drüben in dem tiefsten Weiherkolke?
O! das ist schön! hätt' ich nur einen Stecken,
Schmalzweiße Kelch' mit dunkelroten Flecken,
Und jede Glocke ist frisiert so fein
Wie unser wächsern Engelchen im Schrein.
Was meinst du, schneid' ich einen Haselstab,
Und wat' ein wenig in die Furt hinab?
Pah! Frösch' und Hechte können mich nicht schrecken. –
Allein, ob nicht vielleicht der Wassermann
Dort in den langen Kräutern hocken kann?
Ich geh, ich gehe schon – ich gehe nicht –
Mich dünkt, ich sah am Grunde ein Gesicht –
Komm laß uns lieber heim, die Sonne sticht!

Der Weiher. Vers 70–83

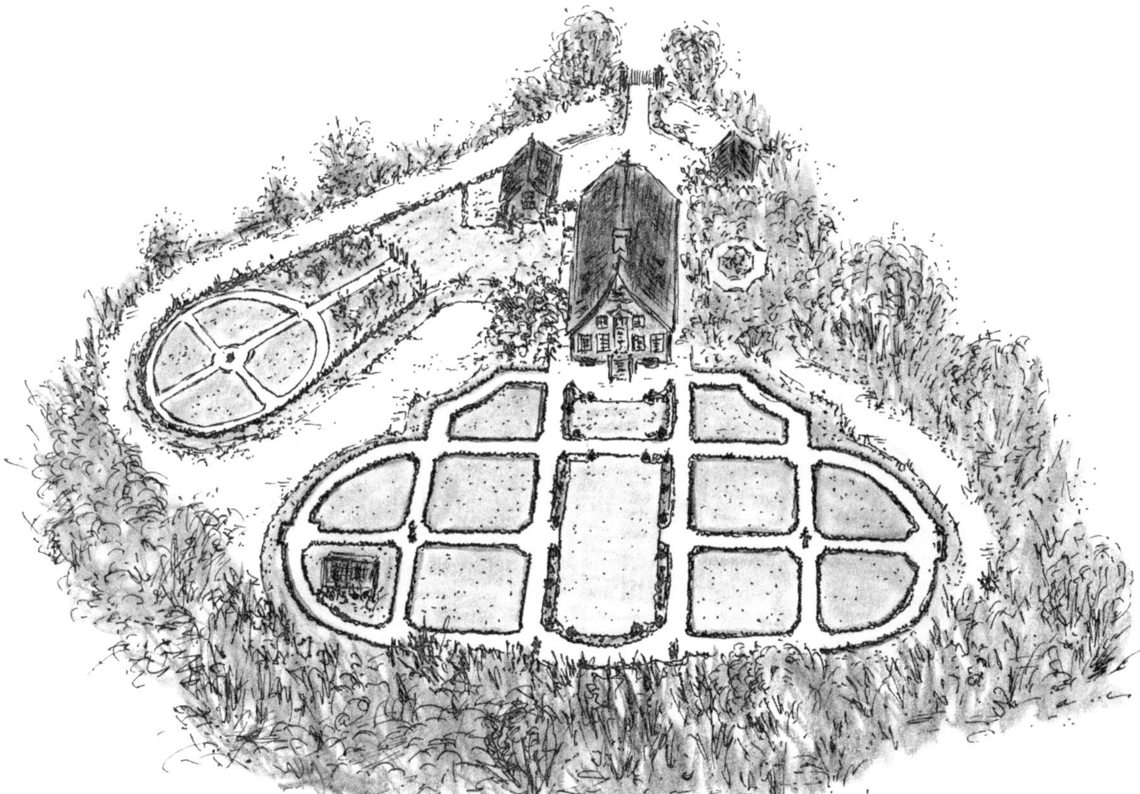

Die Linde

Ich breite über ihn mein Blätterdach
So weit ich es vom Ufer strecken mag.
Schau her, wie langaus meine Arme reichen,
Ihm mit den Fächern das Gewürm zu scheuchen,
Das hundertfarbig zittert in der Luft.
Ich hauch' ihm meines Odems besten Duft,
Und auf sein Lager laß ich niederfallen
Die Lieblichste von meinen Blüten allen;
Und eine Bank lehnt sich an meinen Stamm,
Da schaut ein Dichter von dem Uferdamm,
Den hör' ich flüstern wunderliche Weise,
Von mir und dir und der Libell' so leise,
Daß er den frommen Schläfer nicht geweckt;
Sonst wahrlich hätt' die Raupe ihn erschreckt,
Die ich geschleudert aus dem Blätterhag.
Wie grell die Sonne blitzt; schwül wird der Tag.
O könnt' ich! könnt' ich meine Wurzeln strecken
Recht mitten in das tief kristall'ne Becken,
Den Fäden gleich, die, grünlicher Asbest,
Schaun so behaglich aus dem Wassernest,
Wie mir zum Hohne, der im Sonnenbrande
Hier einsam niederlechzt vom Uferrande.

Der Weiher. Vers 30–51

Ein milder Wintertag

An jenes Waldes Enden,
Wo still der Weiher liegt
Und längs den Fichtenwänden
Sich lind Gemurmel wiegt:

Wo in der Sonnenhelle,
So matt und kalt sie ist,
Doch immerfort die Welle
Das Ufer flimmernd küßt:

Da weiß ich, schön zum Malen,
Noch eine schmale Schlucht,
Wo all' die kleinen Strahlen
Sich fangen in der Bucht;

Ein trocken, windstill Eckchen,
Und so an Grüne reich,
Daß auf dem ganzen Fleckchen
Mich kränkt kein dürrer Zweig.

Will ich den Mantel dichte
Nun legen über's Moos,
Mich lehnen an die Fichte,
Und dann auf meinen Schoß

Gezweig' und Kräuter breiten,
So gut ich's finden mag:
Wer will mir's übel deuten,
Spiel' ich den Sommertag?

Will nicht die Grille hallen,
So säuselt doch das Ried;
Sind stumm die Nachtigallen,
So sing' ich selbst ein Lied.

Und hat Natur zum Feste
Nur wenig dargebracht:
Die Lust ist stets die beste,
Die man sich selber macht.

Am Weiher. Vers 1–32

Ein harter Wintertag

Daß ich dich so verkümmert seh',
Mein lieb' lebend'ges Wasserreich,
Daß ganz versteckt in Eis und Schnee
Du siehst der plumpen Erde gleich;

Auch daß voll Reif und Schollen hängt
Dein überglas'ter Fichtengang:
Das ist es nicht, was mich beengt,
Geh' ich an deinem Bord entlang.

Zwar in der immer grünen Zier
Erschienst, o freundlich Element,
Du ähnlich den Oasen mir,
Die des Arabers Sehnsucht kennt;

Wenn neben der verdorrten Flur
Erblühten deine Moose noch,
Wenn durch die schweigende Natur
Erklangen deine Wellen doch.

Allein auch heute wollt' ich gern
Mich des kristallnen Flimmers freun,
Belauschen jeden Farbenstern
Und keinen Sommertag bereun:

Wär' nicht dem Ufer längs, so breit,
Die glatte Schlittenbahn gefegt,
Worauf sich wohl zur Mittagszeit
Gar manche rüst'ge Ferse regt.

Bedenk' ich nun, wie manches Jahr
Ich nimmer eine Eisbahn sah:
Wohl wird mir's trüb' und wunderbar,
Und tausend Bilder treten nah.

Was blieb an Wünschen unerfüllt,
Das nähm' ich noch gelassen mit:
Doch ach, der Frost so manchen hüllt,
Der einst so fröhlich drüber glitt!

Am Weiher. Vers 33–64

Am Turme

Ich steh' auf hohem Balkone am Turm,
Umstrichen vom schreienden Stare,
Und laß' gleich einer Mänade den Sturm
Mir wühlen im flatternden Haare;
O wilder Geselle, o toller Fant,
Ich möchte dich kräftig umschlingen,
Und, Sehne an Sehne, zwei Schritte vom Rand
Auf Tod und Leben dann ringen!

Und drunten seh' ich am Strand, so frisch
Wie spielende Doggen, die Wellen
Sich tummeln rings mit Geklaff und Gezisch,
Und glänzende Flocken schnellen.
O, springen möcht' ich hinein alsbald,
Recht in die tobende Meute,
Und jagen durch den korallenen Wald
Das Walroß, die lustige Beute!

Und drüben seh' ich ein Wimpel wehn
So keck wie eine Standarte,
Seh auf und nieder den Kiel sich drehn
Von meiner luftigen Warte;
O, sitzen möcht' ich im kämpfenden Schiff,
Das Steuerruder ergreifen,
Und zischend über das brandende Riff
Wie eine Seemöwe streifen.

Wär ich ein Jäger auf freier Flur,
Ein Stück nur von einem Soldaten,
Wär ich ein Mann doch mindestens nur,
So würde der Himmel mir raten;
Nun muß ich sitzen so fein und klar,
Gleich einem artigen Kinde,
Und darf nur heimlich lösen mein Haar,
Und lassen es flattern im Winde!

Junge Liebe

Über dem Brünnlein nicket der Zweig,
Waldvögel zwitschern und flöten,
Wild Anemon' und Schlehdorn bleich
Im Abendstrahle sich röten,
Und ein Mädchen mit blondem Haar
Beugt über der glitzernden Welle,
Schlankes Mädchen, kaum fünfzehn Jahr,
Mit dem Auge der scheuen Gazelle.

Ringelblumen blättert sie ab:
„Liebt er, liebt er mich nimmer?"
Und wenn „liebt" das Orakel gab,
Um ihr Antlitz gleitet ein Schimmer:
„Liebt er nicht" – o Grimm und Graus!
Daß der Himmel den Blüten gnade!
Gras und Blumen, den ganzen Strauß,
Wirft sie zürnend in die Kaskade.

Gleitet dann in die Kräuter lind,
Ihr Auge wird ernst und sinnend;
Frommer Eltern heftiges Kind,
Nur Minne nehmend und minnend,
Kannte sie nie ein anderes Band
Als des Blutes, die schüchterne Hinde;
Und nun Einer, der nicht verwandt –
Ist das nicht eine schwere Sünde?

Mutlos seufzet sie niederwärts,
In argem Schämen und Grämen,
Will zuletzt ihr verstocktes Herz
Recht ernstlich in Frage nehmen.
Abenteuer sinnet sie aus:
Wenn das Haus nun stände in Flammen,
Und um Hülfe riefen heraus
Der Carl und die Mutter zusammen?

Plötzlich ein Perlenregen dicht
Stürzt ihr glänzend aus beiden Augen,
In die Kräuter gedrückt ihr Gesicht,
Wie das Blut der Erde zu saugen,
Ruft sie schluchzend: „ja, ja, ja!"
Ihre kleinen Hände sich ringen,
„Retten, retten würd' ich Mama,
Und zum Carl in die Flamme springen!"

CCG

*Brennende Liebe**

Und willst du wissen, warum
So sinnend ich manche Zeit,
Mitunter so töricht und dumm,
So unverzeihlich zerstreut,
Willst wissen auch ohne Gnade,
Was denn so Liebes enthält
Die heimlich verschlossene Lade,
An die ich mich öfters gestellt?

Zwei Augen hab' ich gesehn,
Wie der Strahl im Gewässer sich bricht,
Und wo zwei Augen nur stehn,
Da denke ich an ihr Licht.
Ja, als du neulich entwandtest
Die Blume vom blühenden Rain,
Und „Oculus Christi“ sie nanntest,
Da fielen die Augen mir ein.

Auch gibt's einer Stimme Ton,
Tief, zitternd, wie Hornes Hall,
Die tut's mir völlig zum Hohn,
Sie folget mir überall.
Als jüngst im flimmernden Saale
Mich quälte der Geigen Gegell,
Da hört ich mit einem Male
Die Stimme im Violoncell.

Auch weiß ich eine Gestalt,
So leicht und kräftig zugleich,
Die schreitet vor mir im Wald,
Und gleitet über den Teich;
Ja, als ich eben in Sinnen
Sah über des Mondes Aug'
Einen Wolkenstreifen zerrinnen,
Das war ihre Form, wie ein Rauch.

Und höre, höre zuletzt,
dort liegt, da drinnen im Schrein,
Ein Tuch mit Blute genetzt,
Das legte ich heimlich hinein.
Er ritzte sich nur an der Schneide,
Als Beeren vom Strauch er mir hieb,
Nun hab' ich sie alle Beide,
Sein Blut und meine brennende Lieb'.

* Crategus pyracantha, auch sonst der „brennende Busch“ genannt.

CCC
MDCCXLVI

Locke und Lied

Meine Lieder sandte ich dir,
Meines Herzens strömende Quellen,
Deine Locke sandtest du mir,
Deines Hauptes ringelnde Wellen;
Hauptes Welle und Herzens Flut
Sie zogen einander vorüber,
Haben sie nicht im Kusse geruht?
Schoß nicht ein Leuchten darüber?

Und du klagest: verblichen sei
Die Farbe der wandernden Zeichen;
Scheiden tut weh, mein Liebchen, ei,
Die Scheidenden dürfen erbleichen;
Warst du blaß nicht, zitternd und kalt,
Als ich von dir mich gerissen?
Blicke sie an, du Milde, und bald,
Bald werden den Herrn sie nicht missen.

Auch deine Locke hat sich gestreckt,
Verdrossen, gleich schlafendem Kinde,
Doch ich hab' sie mit Küssen geweckt,
Hab' sie gestreichelt so linde,
Ihr geflüstert von unserer Treu',
Sie geschlungen um deine Kränze,
Und nun ringelt sie sich aufs neu,
Wie eine Rebe im Lenze.

Wenig Wochen, dann grünet der Stamm,
Hat Sonnenschein sich ergossen,
Und wir sitzen am rieselnden Damm,
Die Händ' in einander geschlossen,
Schaun in die Welle, und schaun in das Aug',
Uns wieder und wieder und lachen,
Und Bekanntschaft mögen dann auch
Die Lock' und der Liederstrom machen.

Poesie

Frägst du mich im Rätselspiele,
Wer die zarte lichte Fei,
Die sich drei Kleinoden gleiche
Und ein Strahl doch selber sei?
Ob ichs rate? ob ich fehle?
Liebchen, pfiffig war ich nie,
Doch in meiner tiefsten Seele
Hallt es: das ist Poesie!

Jener Strahl der, Licht und Flamme,
Keiner Farbe zugetan,
Und doch, über Alles gleitend
Tausend Farben zündet an,
Jedes Recht und Keines Eigen. –
Die Kleinode nenn' ich dir:
Den Türkis, den Amethysten,
Und der Perle edle Zier.

Poesie gleicht dem Türkise,
Desses frommes Auge bricht,
Wenn verborgner Säure Brodem
Nahte seinem reinen Licht;
Dessen Ursprung Keiner kündet,
Der wie Himmelsgabe kam,
Und des Himmels milde Bläue
Sich zum milden Zeichen nahm.

Und sie gleicht dem Amethysten,
Der sein veilchenblau Gewand
Läßt zu schnödem Grau erblassen
An des Ungetreuen Hand;
Der, gemeinen Götzen frönend,
Sinkt zu niedren Steines Art,
Und nur Einer Flamme dienend
Seinen edlen Glanz bewahrt;

Gleicht die Perle auch, der zarten,
Am Gesunden tauig klar,
Aber saugend, was da Krankes
In geheimsten Adern war;
Sahst du niemals ihre Schimmer
Grünlich, wie ein modernd Tuch?
Eine Perle bleibt es immer,
Aber die ein Siecher trug.

Und du lächelst meiner Lösung,
Flüsterst wie ein Widerhall:
Poesie gleicht dem Pokale
Aus venedischem Kristall;
Gift hinein – und schwirrend singt er
Schwanenliedes Melodie,
Dann in tausend Trümmer klirrend,
Und hin ist die Poesie!

Die Bank

Im Parke weiß ich eine Bank,
Die schattenreichste nicht von allen,
Nur Erlen lassen, dünn und schlank,
Darüber karge Streifen wallen;
Da sitz' ich manchen Sommertag
Und laß mich rösten von der Sonnen,
Rings keiner Quelle Plätschern wach,
Doch mir im Herzen springt der Bronnen.

Dies ist der Fleck, wo man den Weg
Nach allen Seiten kann bestreichen,
Das staub'ge Gleis, den grünen Steg,
Und dort die Lichtung in den Eichen:
Ach manche, manche liebe Spur
Ist unterm Rade aufgeflogen!
Was mich erfreut, bekümmert, nur
Von drüben kam es hergezogen.

Du frommer Greis im schlichten Kleid,
Getreuer Freund seit zwanzig Jahren,
Dem keine Wege schlimm und weit,
Galt es den heil'gen Dienst zu wahren,
Wie oft sah ich den schweren Schlag
Dich drehn mit ungeschickten Händen,
Und langsam steigend nach und nach
Dein Käppchen an des Dammes Wänden.

Und du in meines Herzens Grund,
Mein lieber schlanker blonder Junge,
Mit deiner Büchs und braunem Hund,
Du klares Aug' und muntre Zunge,
Wie oft hört' ich dein Pfeifen nah,
Wenn zu der Dogge du gesprochen;
Mein lieber Bruder warst du ja,
Wie sollte mir das Herz nicht pochen?

Und Manches was die Zeit verweht,
Und Manches was sie ließ erkalten,
Wie Banquo's Königsreihe geht
Und trabt es aus des Waldes Spalten.
Auch was mir noch geblieben und
Was neu erblüht im Lebensgarten,
Der werten Freunde heitrer Bund,
Von drüben muß ich ihn erwarten.

So sitz' ich Stunden wie gebannt,
Im Gestern halb und halb im Heute,
Mein gutes Fernrohr in der Hand
Und laß es streifen durch die Weite.
Am Damme steht ein wilder Strauch,
O, schmählich hat mich der betrogen!
Rührt ihn der Wind, so mein' ich auch
Was Liebes komme hergezogen!

Mit jedem Schritt weiß er zu gehn,
Sich anzuformen alle Züge;
So mag er denn am Hange stehn,
Ein wert Phantom, geliebte Lüge;
Ich aber hoffe für und für,
So fern ich mich des Lebens freue,
Zu rösten an der Sonne hier,
Geduld'ger Märtyrer der Treue.

Meine Sträuße

So oft mir ward eine liebe Stund'
Unterm blauen Himmel im Freien,
Da habe ich, zu des Gedenkens Bund,
Mir Zeichen geflochten mit Treuen,
Einen schlichten Kranz, einen wilden Strauß,
Ließ drüber die Seele wallen;
Nun stehe ich einsam im stillen Haus,
Und sehe die Blätter zerfallen.

Vergißmeinnicht mit dem Rosaband –
Das waren dämmrige Tage,
Als euch entwandte der Freundin Hand
Dem Weiher drüben am Hage;
Wir schwärmten in wirrer Gefühle Flut,
In sechzehnjährigen Schmerzen;
Nun schläft sie lange. – Sie war doch gut,
Ich liebte sie recht von Herzen!

Gar weite Wege hast du gemacht,
Camelia, staubige Schöne,
In deinem Kelche die Flöte wacht,
Trompeten und Zimbelgetöne;
Wie zitterten durch das grüne Revier
Buntfarbige Lampen und Schleier!
Da brach der zierliche Gärtner mir
Den Strauß beim bengalischen Feuer.

Dies Alpenröschen nährte mit Schnee
Ein eisgrau starrender Riese;
Und diese Tange entfischt' ich der See
Aus Muschelgescherbe und Kiese;
Es war ein volles, gesegnetes Jahr,
Die Trauben hingen gleich Pfunden,
Als aus der Rebe flatterndem Haar
Ich diesen Kranz mir gewunden.

Und ihr, meine Sträuße von wildem Heid',
Mit lockerm Halme geschlungen,
O süße Sonne, o Einsamkeit,
Die uns redet mit heimischen Zungen!
Ich hab' sie gepflückt an Tagen so lind,
Wenn die goldenen Käferchen spielen,
Dann fühlte ich mich meines Landes Kind,
Und die fremden Schlacken zerfielen.

Und wenn ich grüble an meinem Teich,
Im duftigen Moose gestrecket,
Wenn aus dem Spiegel mein Antlitz bleich
Mit rieselndem Schauer mich necket,
Dann lang' ich sachte, sachte hinab,
Und fische die träufelnden Schmelen;
Dort hängen sie, drüben am Fensterstab,
Wie arme vertrocknete Seelen.

So mochte ich still und heimlich mir
Eine Zauberhalle bereiten,
Wenn es dämmert dort, und drüben, und hier,
Von den Wänden seh ich es gleiten;
Eine Fei entschleicht der Camelia sich,
Liebesseufzer stöhnet die Rose,
Und wie Blutes Adern umschlingen mich
Meine Wasserfäden und Moose.

Grüße

Steigt mir in diesem fremden Lande
Die altbekannte Nacht empor,
Klatscht es wie Hufesschlag vom Strande,
Rollt sich die Dämmerung hervor
Gleich Staubeswolken mir entgegen
Von meinem lieben starken Nord,
Und fühl' ich meine Locken regen
Der Luft geheimnisvolles Wort:

Dann ist es mir, als hör' ich reiten
Und klirren und entgegenziehn
Mein Vaterland von allen Seiten,
Und seine Küsse fühl' ich glühn;
Dann wird des Windes leises Munkeln
Mir zu verworr'nen Stimmen bald,
Und jede schwache Form im Dunkeln
Zur tiefvertrautesten Gestalt.

Und meine Arme muß ich strecken,
Muß Küsse, Küsse hauchen aus,
Wie sie die Leiber könnten wecken,
Die modernden im grünen Haus;
Muß jeden Waldeswipfel grüßen
Und jede Heid' und jeden Bach,
Und alle Tropfen, die da fließen,
Und jedes Hälmchen, das noch wach.

Du Vaterhaus mit deinen Türmen,
Vom stillen Weiher eingewiegt,
Wo ich in meines Lebens Stürmen
So oft erlegen und gesiegt, –
Ihr breiten laubgewölbten Hallen,
Die jung und fröhlich mich gesehn,
Wo ewig meine Seufzer wallen
Und meines Fußes Spuren stehn!

Du feuchter Wind von meinen Heiden,
Der wie verschämte Klage weint, –
Du Sonnenstrahl, der so bescheiden
Auf ihre Kräuter niederscheint, –
Ihr Gleise, die mich fortgetragen,
Ihr Augen, die mir nachgeblinkt,
Ihr Herzen, die mir nachgeschlagen,
Ihr Hände, die mir nachgewinkt!

Und Grüße, Grüße, Dach, wo nimmer
Die treuste Seele mein vergißt
Und jetzt bei ihres Lämpchens Schimmer
Für mich den Abendsegen lies't,
Wo bei des Hahnes erstem Krähen
Sie matt die grauen Wimper streicht
Und einmal noch vor Schlafengehen
An mein verlaßnes Lager schleicht!

Ich möcht' euch alle an mich schließen,
Ich fühl' euch alle um mich her,
Ich möchte mich in euch ergießen
Gleich siechem Bache in das Meer;
O, wüßtet ihr, wie krankgerötet,
Wie fieberhaft der Äther brennt,
Wo keine Seele für uns betet
Und Keiner unsre Toten kennt!

Sind denn so schwül die Nächt' im April?
Oder ist so siedend jungfäulich' Blut?
Sie schließt die Wimper, sie liegt so still,
Und horcht des Herzens pochender Flut.
„O will es denn nimmer und nimmer tagen!
O will denn nicht endlich die Stunde schlagen!
Ich wache, und selbst der Seiger ruht!

Doch horch! es summt, eins, zwei und drei, –
Noch immer fort? – sechs, sieben und acht,
Elf, zwölf, – o Himmel, war das ein Schrei?
Doch nein, Gesang steigt über der Wacht,
Nun wird mir's klar, mit frommem Munde
Begrüßt das Hausgesinde die Stunde,
Anbrach die hochheilige Osternacht."

Seitab das Fräulein die Kissen stößt,
Und wie eine Hinde vom Lager setzt,
Sie hat des Mieders Schleifen gelöst,
In's Häubchen drängt sie die Locken jetzt,
Dann leise das Fenster öffnend, leise,
Horcht sie der mählich schwellenden Weise,
Vom wimmernden Schrei der Eule durchsetzt.

O dunkel die Nacht! und schaurig der Wind!
Die Fahnen wirbeln am knarrenden Tor, –
Da tritt aus der Halle das Hausgesind'
Mit Blendlaternen und einzeln vor.
Der Pförtner dehnet sich, halb schon träumend,
Am Dochte zupfet der Jäger säumend,
Und wie ein Oger gähnet der Mohr.

Was ist? – wie das auseinander schnellt!
In Reihen ordnen die Männer sich,
Und eine Wacht vor die Dirnen stellt
Die graue Zofe sich ehrbarlich,
„Ward ich gesehn an des Vorhangs Lücke?
Doch nein, zum Balkone starren die Blicke,
Nun langsam wenden die Häupter sich.

O weh, meine Augen! bin ich verrückt?
Was gleitet entlang das Treppengeländ?
Hab' ich nicht so aus dem Spiegel geblickt?
Das sind meine Glieder, – welch ein Geblend'!
Nun hebt es die Hände, wie Zwirnes Flocken,
Das ist mein Strich über Stirn und Locken! –
Weh, bin ich toll, oder nahet mein End'!"

Das Fräulein erbleicht und wieder erglüht,
Das Fräulein wendet die Blicke nicht,
Und leise rührend die Stufen zieht
Am Steingelände das Nebelgesicht,
In seiner Rechten trägt es die Lampe,
Ihr Flämmchen zittert über der Rampe,
Verdämmernd, blau, wie ein Elfenlicht.

Nun schwebt es unter dem Sternendom,
Nachtwandlern gleich in Traumes Geleit,
Nun durch die Reihen zieht das Phantom,
Und Jeder tritt einen Schritt zur Seit'.–
Nun lautlos gleitet's über die Schwelle, –
Nun wieder drinnen erscheint die Helle,
Hinauf sich windend die Stiegen breit.

Das Fräulein hört das Gemurmel nicht,
Sieht nicht die Blicke, stier und verscheucht,
Fest folgt ihr Auge dem bläulichen Licht,
Wie dunstig über die Scheiben es streicht.
– Nun ists im Saale – nun im Archive –
Nun steht es still an der Nische Tiefe –
Nun matter, matter, – ha! es erbleicht!

„Du sollst mir stehen! ich will dich fahn!"
Und wie ein Aal die beherzte Maid
Durch Nacht und Krümmen schlüpft ihre Bahn,
Hier droht ein Stoß, dort häkelt das Kleid,
Leis tritt sie, leise, o Geistersinne
Sind scharf! daß nicht das Gesicht entrinne!
Ja, mutig ist sie, bei meinem Eid!

Ein dunkler Rahmen, Archives Tor;
– Ha, Schloß und Riegel! – sie steht gebannt,
Sacht, sacht das Auge und dann das Ohr
Drückt zögernd sie an der Spalte Rand,
Tiefdunkel drinnen – doch einem Rauschen
Der Pergamente glaubt sie zu lauschen,
Und einem Streichen entlang der Wand.

So niederkämpfend des Herzens Schlag,
Hält sie den Odem, sie lauscht, sie neigt –
Was dämmert ihr zur Seite gemach?
Ein Glühwurmleuchten – es schwillt, es steigt,
Und Arm an Arme, auf Schrittes Weite,
Lehnt das Gespenst an der Pforte Breite,
Gleich ihr zur Nachbarspalte gebeugt.

Sie fährt zurück, – das Gebilde auch –
Dann tritt sie näher – so die Gestalt –
Nun stehen die Beiden, Auge in Aug',
Und bohren sich an mit Vampires Gewalt.
Das gleiche Häubchen decket die Locken,
Das gleiche Linnen, wie Schneees Flocken,
Gleich ordnungslos um die Glieder wallt.

Langsam das Fräulein die Rechte streckt,
Und langsam, wie aus der Spiegelwand,
Sich Linie um Linie entgegen reckt
Mit gleichem Rubine die gleiche Hand;
Nun rührt sich's – die Lebendige spüret
Als ob ein Luftzug schneidend sie rühret,
Der Schemen dämmert, – zerrinnt – entschwand.

Und wo im Saale der Reihen fliegt,
Da siehst ein Mädchen du, schön und wild,
– Vor Jahren hat's eine Weile gesiecht –
Das stets in den Handschuh die Rechte hüllt.
Man sagt, kalt sei sie wie Eises Flimmer,
Doch lustig die Maid, sie hieß ja immer:
„Das tolle Fräulein von Rodenschild."

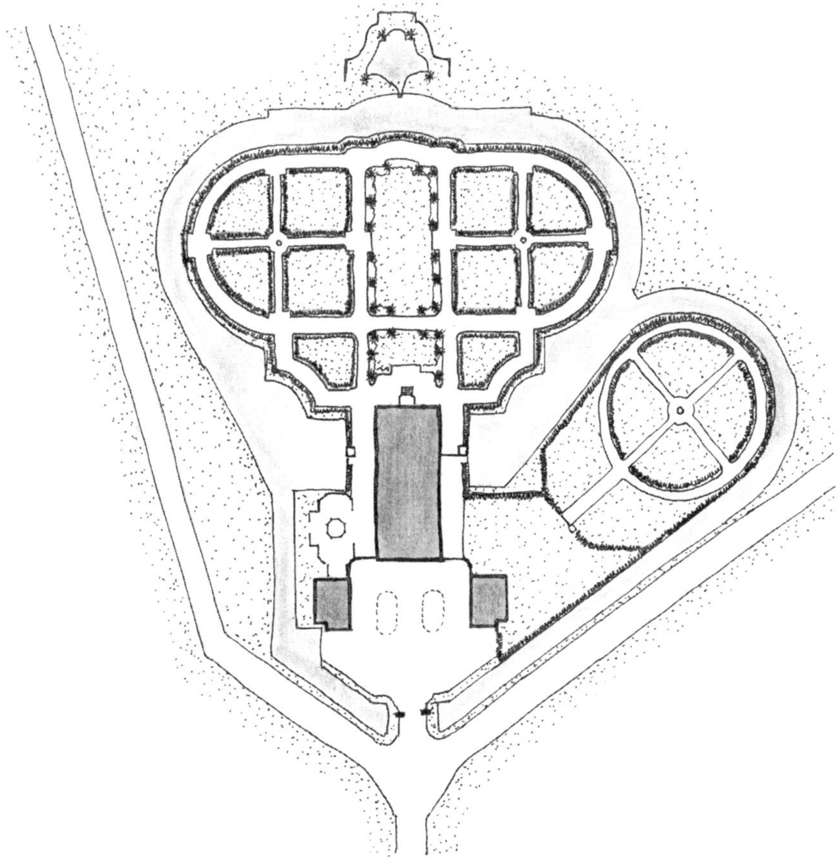

Der kranke Aar

Am dürren Baum, im fetten Wiesengras
Ein Stier behaglich wiederkäut' den Fraß;
Auf niederm Ast ein wunder Adler saß,
Ein kranker Aar mit gebrochnen Schwingen.

„Steig' auf, mein Vogel, in die blaue Luft,
Ich schau dir nach aus meinem Kräuterduft." –
„Weh, weh, umsonst die Sonne ruft
Den kranken Aar mit gebrochnen Schwingen!" –

„O Vogel, warst so stolz und freventlich
Und wolltest keine Fessel ewiglich!" –
„Weh, weh, zu Viele über mich,
Und Adler all, – brachen mir die Schwingen!"

„So flattre in dein Nest, vom Aste fort,
Dein Ächzen schier die Kräuter mir verdorrt."
„Weh, weh, kein Nest hab' ich hinfort,
Verbannter Aar mit gebrochnen Schwingen!"

„O Vogel, wärst du eine Henne doch,
Dein Nestchen hättest du, im Ofenloch."
„Weh, weh, viel lieber ein Adler noch,
Viel lieber ein Aar mit gebrochnen Schwingen!"

Die Nadel im Baume

Vor Zeiten, ich war schon groß genug,
Hatt' die Kinderschuhe vertreten,
Nicht alt war ich, doch eben im Zug'
Zu Sankt Andreas zu beten,
Da bin ich gewandelt, Tag für Tag,
Das Feld entlang mit der Kathi;
Ob etwas Liebes im Wege lag?
Tempi passati – passati!

Und in dem Heideland stand ein Baum,
Eine schlanke schmächtige Erle,
Da saßen wir oft in wachendem Traum,
Und horchten dem Schlage der Merle;
Die hatte ihr struppiges Nest gebaut,
Grad in der schwankenden Krone,
Und hat so keck hernieder geschaut
Wie ein Gräflein vom winzigen Throne.

Wir kosten so viel und gingen so lang',
Daß drüber der Sommer verflossen;
Dann hieß es: „Scheiden, o weh wie bang!"
Viel Tränen wurden vergossen;
Die Hände hielten wir stumm gepreßt,
Da zog ich aus flatternder Binde
Eine blanke Nadel, und drückte fest
Sie, fest in die saftige Rinde;

Und drunter merkte ich Tag und Stund',
Dann sind wir fürder gezogen,
so kläglich schluchzend aus Herzensgrund,
Daß schreiend die Merle entflogen;
O junge Seelen sind Königen gleich,
Sie können ein Peru vergeuden,
Im braunen Heid, unter'm grünen Zweig,
Ein Peru an Lieben und Leiden.

Die Jahre verglitten mit schleichendem Gang,
Verrannen gleich duftiger Wolke,
Und wieder zog ich das Feld entlang
Mit jungem lustigen Volke;
Die schleuderten Stäbe, und schrien „Hallo!"
Die sprudelten Witze wie Schlossen,
Mir ward's im Herzen gar keck und froh,
Mutwillig wie unter Genossen.

Da plötzlich rauscht' es im dichten Gezweig,
„Eine Merle", rief's, „eine Merle!"
Ich fuhr empor – ward ich etwa bleich?
Ich stand an der alternden Erle;
Und rückwärts zog mir's den Schleier vom Haar,
Acht Gott, ich erglühte wie Flamme,
Als ich sah, daß die alte Nadel es war,
Meine rostige Nadel im Stamme!

Drauf hab' ich genommen ganz still in Schau
Die Inschrift, zu eigenem Frommen,
Und fühlte dann plötzlich, es steige der Tau,
Und werde mir schwerlich bekommen.
Ich will nicht klagen, mir blieb ein Hort,
Den rosten nicht Wetter und Wogen,
Allein für immer, für immer ist fort
Der Schleier vom Auge gezogen!

Im Grase

Süße Ruh', süßer Taumel im Gras,
Von des Krautes Arom umhaucht,
Tiefe Flut, tief, tief trunkne Flut,
Wenn die Wolk' am Azure verraucht,
Wenn aufs müde schwimmende Haupt
Süßes Lachen gaukelt herab,
Liebe Stimme säuselt und träuft
Wie die Lindenblüt' auf ein Grab.

Wenn im Busen die Toten dann
Jede Leiche sich streckt und regt,
Leise, leise den Odem zieht,
Die geschloßne Wimper bewegt,
Tote Lieb', tote Lust, tote Zeit,
All die Schätze, im Schutt verwühlt,
Sich berühren mit schüchternem Klang
Gleich den Glöckchen, vom Winde umspielt.

Stunden, flücht'ger ihr als der Kuß
Eines Strahls auf den trauernden See,
Als des zieh'nden Vogels Lied,
Das mir niederperlt aus der Höh',
Als des schillernden Käfers Blitz
Wenn den Sonnenpfad er durcheilt,
Als der flücht'ge Druck einer Hand,
Die zum letzten Male verweilt.

Dennoch, Himmel, immer mir nur
Dieses Eine nur: für das Lied
Jedes freien Vogels im Blau
Eine Seele, die mit ihm zieht,
Nur für jeden kärglichen Strahl
Meinen farbig schillernden Saum,
Jeder warmen Hand meinen Druck
Und für jedes Glück meinen Traum.

<Das Morgenrot schwimmt still entlang>

Das Morgenrot schwimmt still entlang
Den Wolkenozean;
Den Gliedern zart mit Liebesdrang
Schmiegt sich die Welle an.
Ihm folgt die Sonn' im Sphärenklang,
Ein roter Flammenkahn;
Ein lindes Rauschen grüßt den Tag:
Ist es ihr Ruderschlag?

Und es erwachen mit Gezisch
Die bunten Vögelein;
Sie stecken keck aus dem Gebüsch
Die Köpflein rund und klein
Und tauchen in die Tauluft frisch
Die feinen Glieder ein;
Die Schnäblein üben sie zumal
In Liedern ohne Zahl.

Und auch die Blumen senden früh
Den leisen Duft ins Land;
Um ihre Stirnen winden sie
Ein hell Juwelenband.
Das Spinnlein selbst mit großer Müh
Braucht die geübte Hand;
Es hat sein Netzlein reich gestrickt,
Mit Perlenreihn geschmückt.

Ich sinne, wem solch heitres Fest
Mag zubereitet sein,
Und wem zu Liebe läßt sein Nest
Das treue Vögelein.
Da spricht zu mir der linde West
Mit seinem Stimmlein fein:
Bist du denn also hart und blind,
Du töricht Menschenkind?

Was gehst du doch so stumm einher,
Wo Alles Jubel singt?
Was wandelst du so arm und leer,
Wo Alles Gabe bringt,
Daß selbst zu Gottes Lob und Ehr'
Vom Aug' der Erde dringt
Gar manche Träne, daß sie ganz
Davon bedeckt mit Glanz?

Er ist es, den so minniglich
Das Lied der Vögel trägt,
Dem mit Gesang so inniglich
Der Baum die Zweige regt,
Für den die Sonne rings um sich
Die Strahlenwimpel schlägt,
All Herz tut sich dem Höchsten auf:
Wach auf, wach auf, wach auf!

Feuer

Die Nacht, der Hammerschmied

Dunkel! All Dunkel schwer!
Wie Riesen schreiten Wolken her –
Über Gras und Laub,
Wirbelt's wie schwarzer Staub;
Hier und dort ein grauer Stamm;
Am Horizont des Berges Kamm
Hält die gespenstige Wacht,
Sonst Alles Nacht – Nacht – nur Nacht.

Was blitzt dort auf? – ein roter Stern –
Nun scheint es nah, nun wieder fern;
Schau! wie es zuckt und zuckt und schweift,
Wie's ringelnd gleich der Schlange pfeift.
Nun am Gemäuer glimmt es auf,
Unwillig wirft's die Asch hinauf,
Und wirbelnd über'm Dach hervor
Die Funkensäule steigt empor.

Und dort der Mann im ruß'gen Kleid,
– Sein Angesicht ist bleich und kalt,
Ein Bild der listigen Gewalt –
Wie er die Flamme dämpft und facht,
Und hält den Eisenblock bereit!
Den soll ihm die gefang'ne Macht,
Die wilde hartbezähmte Glut
Zermalmen gleich in ihrer Wut.

Schau, wie das Feuer sich zersplittert!
Wie's tückisch an der Kohle knittert!
Lang aus die rote Kralle streckt
Und nach dem Kerkermeister reckt!
Wie's vor verhaltnem Grimme zittert:
„O, hätt' ich dich, o könnte ich
Mit meinen Klauen fassen dich!
Ich lehrte dich den Unterschied
Von dir zu Elementes Zier,
An deinem morschen, staub'gen Glied,
Du ruchlos Menschentier!“

Die Elemente. Vers 95–129

Wasser

Der Mittag, der Fischer

Alles still ringsum –
Die Zweige ruhen, die Vögel sind stumm.
Wie ein Schiff, das im vollen Gewässer brennt,
Und das die Windsbraut jagt,
So durch den Azur die Sonne rennt,
Und immer flammender tagt.
Natur schläft – ihr Odem steht,
Ihre grünen Locken hangen schwer,
Nur auf und nieder ihr Pulsschlag geht
Ungehemmt im heiligen Meer.
Jedes Räupchen sucht des Blattes Hülle,
Jeden Käfer nimmt sein Grübchen auf;
Nur das Meer liegt frei in seiner Fülle,
Und blinkt zum Firmament hinauf.
In der Bucht wiegt ein Kahn,
Ausgestreckt der Fischer drin,
Und die lange Wasserbahn
Schaut er träumend überhin.
Neben ihm die Zweige hängen,
Unter ihm die Wellchen drängen,
Plätschernd in der blauen Flut
Schaukelt seine heiße Hand:
„Wasser“, spricht er, „Welle gut,
Hauchst so kühlig an den Strand.
Du, der Erde köstlich Blut,
Meinem Blute nah verwandt,
Sendest deine blanken Wellen,
die jetzt kosend um mich schwellen,
Durch der Mutter weites Reich,
Börnlein, Strom und glatter Teich,
Und an meiner Hütte gleich
Schlürf' ich dein geläutert Gut,
Und du wirst mein eignes Blut,
Liebe Welle! heil'ge Flut! –“
Leiser plätschernd schläft er ein,
Und das Meer wirft seinen Schein
Um Gebirg und Feld und Hain;
Und das Meer zieht seine Bahn
Um die Welt und um den Kahn.

Die Elemente. Vers 25–63

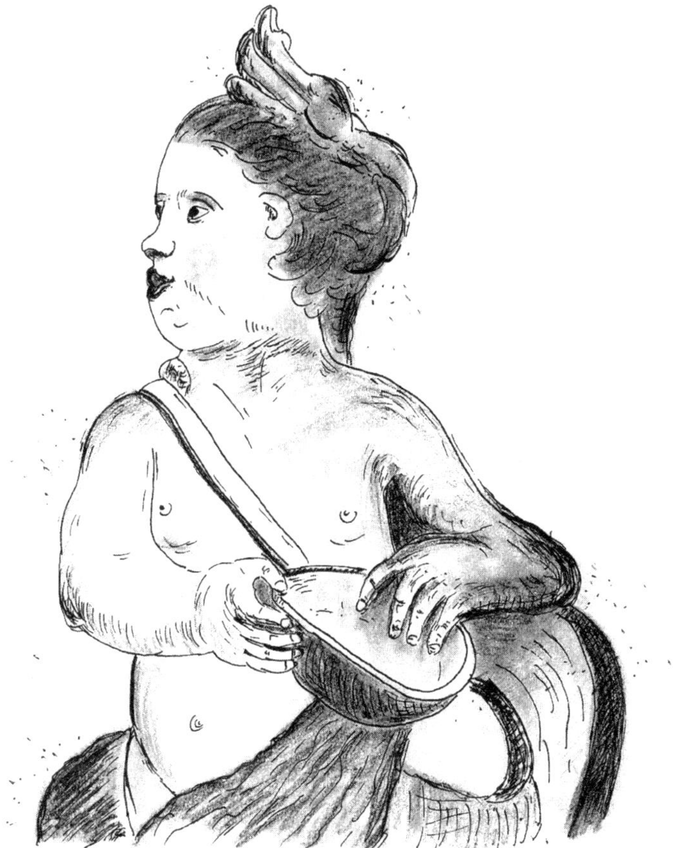

Luft
Der Morgen, der Jäger

Wo die Felsenlager stehen,
Sich des Schnees Daunen blähen,
Auf des Chimborasso Höhen
Ist der junge Strahl erwacht;
Regt und dehnt die ros'gen Glieder,
Schüttelt dann sein Goldgefieder,
Mit dem Flimmerauge nieder
Blinzt er in des Tales Schacht.
Hörst du wie es fällt und steigt?
Fühlst du wie es um dich streicht?
Dringt zu dir im weichen Duft
Nicht der Himmelsodem – Luft?

In's frische Land der Jäger tritt:
„Gegrüßt du fröhlicher Morgen!
Gegrüßt du Sonn', mit dem leichten Schritt
Wir Beiden ziehn ohne Sorgen.
Und drei Mal gegrüßt mein Geselle Wind,
Der stets mir wandelt zur Seite,
Im Walde flüstert durch Blätter lind,
Zur Höh' gibt springend Geleite.
Und hat die Gems, das listige Tier,
Mich verlockt in ihr zackiges Felsrevier,
Wie sind wir Drei dann so ganz allein,
Du, Luft, und ich, und der uralte Stein!"

Die Elemente. Vers 1–24

Erde
Der Abend, der Gärtner

Rötliche Flöckchen ziehen
Über die Berge fort,
Und wie Purpurgewänder,
Und wie farbige Bänder
Flattert es hier und dort
In der steigenden Dämmrung Hort.

Gleich einem Königsgarten,
Den verlassen die Fürstin hoch –
Nur in der Kühle ergehen
Und um die Beete sich drehen
Flüsternd ein Paar Hoffräulein noch.

Da des Himmels Vorhang sinkt,
Öffnet sich der Erde Brust,
Leise, leise Kräutlein trinkt,
Und entschlummert unbewußt;
Und sein furchtsam Wächterlein,
Würmchen mit dem grünen Schein,
Zündet an dem Glühholz sein
Leuchtchen klein.

Der Gärtner, über die Blumen gebeugt,
Spürt an der Sohle den Tau,
Gleich vom nächsten Halme er streicht
Lächelnd die Tropfen lau;
Geht noch einmal entlang den Wall,
Prüft jede Knospe genau und gut:
„Schlaft denn“, spricht er, „ihr Kindlein all,
Schlafet! ich laß euch der Mutter Hut;
Liebe Erde! mir sind die Wimper schwer,
Hab’ die letzte Nacht durchwacht,
Breit *wohl* deinen Taumantel um sie her,
Nimm *wohl* mir die Kleinen in Acht.“

Die Elemente. Vers 64–94

Lebt wohl

Lebt wohl, es kann nicht anders sein!
Spannt flatternd eure Segel aus,
Laßt mich in meinem Schloß allein,
Im öden geisterhaften Haus.

Lebt wohl und nehmt mein Herz mit euch
Und meinen letzten Sonnenstrahl,
Er scheide, scheide nur sogleich,
Denn scheiden muß er doch einmal.

Laßt mich an meines Seees Bord
Mich schaukelnd mit der Wellen Strich,
Allein mit meinem Zauberwort
Dem Alpengeist und meinem Ich.

Verlassen, aber einsam nicht,
Erschüttert, aber nicht zerdrückt,
So lange noch das heil'ge Licht
Auf mich mit Liebesaugen blickt,

So lange mir der frische Wald
Aus jedem Blatt Gesänge rauscht,
Aus jeder Klippe, jedem Spalt
Befreundet mir der Elfe lauscht,

So lange noch der Arm sich frei
Und waltend mir zum Äther streckt,
Und jedes wilden Geiers Schrei
In mir die wilde Muse weckt.

Frühling

Die Rebe blüht, ihr linder Hauch
Durchzieht das tauige Revier,
Und nah' und ferne wiegt die Luft
Vielfarb'ger Blumen bunte Zier.

Wie's um mich gaukelt, wie es summt
Von Vogel, Bien' und Schmetterling,
Wie seine seidnen Wimpel regt
Der Zweig, so jüngst voll Reifen hing.

Noch sucht man gern den Sonnenschein
Und nimmt die trocknen Plätzchen ein;
Denn Nachts schleicht an die Grenze doch
Der landesflücht'ge Winter noch.

O du mein ernst gewalt'ger Greis,
Mein Säntis mit der Locke weiß!
In Felsenblöcke eingemauert,
Von Schneegestöber überschauert,
In Eisespanzer eingeschnürt:
Hu! wie dich schaudert, wie dich friert!

Der Säntis. Vers 1–18

Sommer

Du gute Linde, schüttle dich!
Ein wenig Luft, ein schwacher West!
Wo nicht, dann schließe dein Gezweig
So recht, daß Blatt an Blatt sich preßt.

Kein Vogel zirpt, es bellt kein Hund;
Allein die bunte Fliegenbrut
Summt auf und nieder über'n Rain
Und läßt sich rösten in der Glut.

Sogar der Bäume dunkles Laub
Erscheint verdickt und atmet Staub.
Ich liege hier wie ausgedorrt
Und scheuche kaum die Mücken fort.

O Säntis, Säntis! läg' ich doch
Dort, – grad' an deinem Felsenjoch,
Wo sich die kalten, weißen Decken
So frisch und saftig drüben strecken,
Viel tausend blanker Tropfen Spiel;
Glücksel'ger Säntis, dir ist kühl!

Der Säntis. Vers 19–36

Herbst

Wenn ich an einem schönen Tag
Der Mittagsstunde habe Acht,
Und lehne unter meinem Baum
So mitten in der Trauben Pracht:

Wenn die Zeitlose über's Tal
Den amethystnen Teppich webt,
Auf dem der letzte Schmetterling
So schillernd wie der frühste bebt:

Dann denk' ich wenig drüber nach,
Wie's nun verkümmert Tag für Tag,
Und kann mit halbverschloßnem Blick
Vom Lenze träumen und von Glück.

Du mit dem frischgefall'nen Schnee,
Du tust mir in den Augen weh!
Willst uns den Winter schon bereiten:
Von Schlucht zu Schlucht sieht man ihn gleiten,
Und bald, bald wälzt er sich herab
Von dir, o Säntis! ödes Grab!

Der Säntis. Vers 37–54

Winter

Aus Schneegestäub' und Nebelqualm
Bricht endlich doch ein klarer Tag;
Da fliegen alle Fenster auf,
Ein Jeder späht, was er vermag.

Ob jene Blöcke Häuser sind?
Ein Weiher jener ebne Raum?
Fürwahr, in dieser Uniform
Den Glockenturm erkennt man kaum;

Und alles Leben liegt zerdrückt,
Wie unterm Leichentuch erstickt.
Doch schau! an Horizontes Rand
Begegnet mir lebend'ges Land.

Du starrer Wächter, laß ihn los
Den Föhn aus deiner Kerker Schoß!
Wo schwärzlich jene Riffe spalten,
Da muß er Quarantäne halten,
Der Fremdling aus der Lombardei;
O Säntis, gib den Tauwind frei!

Der Säntis. Vers 55–72

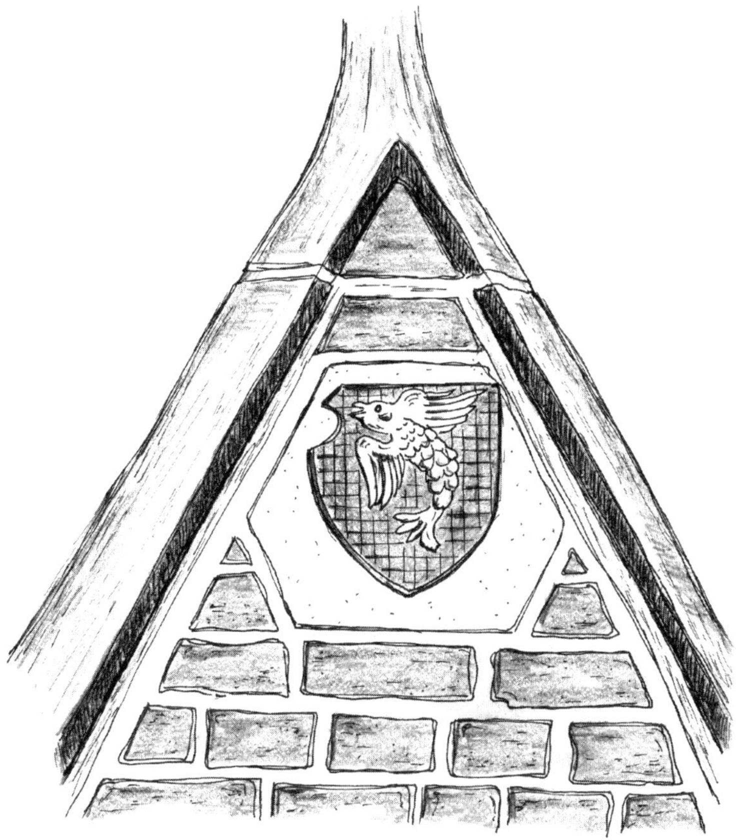

Morgenlied

Der Morgenstrahl
Steht auf dem Tal,
Die Nebel ziehen drunter her,
Und auf der Au
Liegt still der Tau
Wie Perlen in dem weißen Meer.
Wie ich nun alles recht beschaut,
Da wird mir's rege im Gemüte,
Daß alles nur ein Wort, ein Laut,
O Gott, von deiner Lieb und Güte!

Die Erd' in Pracht
Hast du gemacht
Für mich, dein ungetreues Kind,
Und den Azur
Der Wolkenflur,
Für mich den frischen Morgenwind.
Ach, alle Worte sind zu schwach,
Um deine Liebe zu verkünden,
Und dennoch läßt mein Streben nach,
Und jeder Tag sieht mich in Sünden.

Herr, steh mir bei,
Der du aufs neu
Mir einen jungen Tag verliehn;
Der Geist ist wach,
Das Fleisch ist schwach,
Und ohne Frucht ist mein Bemühn.
Doch deine Hand ist stark und fest,
Will ich nur willig sie umfassen;
Ach, wer nicht selber dich verläßt,
Den hast du nimmermehr verlassen.

O Herr, wenn oft
Und unverhofft
Mich kleine Kränkungen bedrohn,
Sei mein Gesicht
Zu dir gericht',
Und mein Gedanke sei: dein Lohn!
Ach, manches Leiden groß und schwer
Gabst du mir Gnade zu besiegen,
Und vor der kleinen Sorgen Heer
Sollt' meine Stärke unterliegen?

Herr, mich befrei
Von falscher Scheu,
Von Hoffart und von Ungeduld,
Und all mein Sinn
Sich wende hin
Zu deinem Kreuz und meiner Schuld.
Wer diesen Tag mich schmäht und kränkt,
Dem laß mich gern und treu verzeihen,
Und ihn laß, eh die Nacht sich senkt,
Vor dir sein Unrecht still bereuen.

Zu deinem Preis,
Auf dein Geheiß
Will ich an meine Pflichten gehn;
Wie auch die Welt
Sie rings umstellt,
Ich will nur deinen Willen sehn.
Mein Wirken über Haus und Kind,
Das ruht in deinen weisen Händen,
Was sich mit deinem Preis beginnt,
Das muß zu deinem Ruhme enden.

Das Eselein

Auf einem Wiesengrund ging einmal
Ein muntres Rößlein weiden,
Ein Schimmelchen war's, doch etwas fahl,
Sein Äußeres nenn' ich bescheiden,
Das schlechtste und auch das beste nicht,
Wir wollen nicht drüber zanken,
Doch hatt' es ein klaren Augenlicht
Und starke geschmeidige Flanken.

Im selben Grunde schritt oft und viel
Ein edler Jüngling spazieren,
Hinter jedem Ohre ein Federkiel,
Das tät ihn wunderbar zieren!
Am Rücken ein Gänseflügelpaar,
Die täten rauschen und wedeln,
Und wißt, seine göttliche Gabe war,
Die schlechte Natur zu veredeln.

Den Tropfen der seiner Stirne entrann,
Den soll wie Perle man fassen,
Ach, ohne ihn hätte die Sonne man
So simpelhin scheinen lassen,
Und ohne ihn wäre der Wiesengrund
Ein nüchterner Anger geblieben,
Ein Quellchen blank, ein Hügelchen rund,
Und eine Handvoll Maßlieben!

Er aber fing in Spiegel den Strahl,
Und ließ ihn zucken wie Flammen,
Die ruppigen Gräser strich er zumal
Und flocht sie sauber zusammen,
An Steinen schleppt er sich krank und matt,
Für ein Ruinchen am Hügel,
Dem Hasen kämmt' er die Wolle glatt
Und frisiert' den Mücken die Flügel.

So hat er mit saurem Schweiß und Müh'
Das ganz Gemeine verbessert,
Und klareres Wasser fand man nie,
Als wo er schaufelt' und wässert',
Und wie's nun aller Edlen Manier,
Sich mild und nobel zu zeigen,
So, seis Gestein, Mensch, oder Tier,
Er gab ihm von seinem Eigen.

Einst saß er mit seinem Werkgerät,
Mit Schere, Pinsel und Flasche,
In der eine schwärzliche Lymphe steht,
Mit Spiegel, Feder und Tasche;
Er saß und lauschte wie in der Näh
Mein Schimmelchen galoppieret;
Auf dem Finger pfiff er: „Pst, Pferdchen, he!"
Und wacker kam es trottieret.

Dann sprach der Edle: „du wärst schon gut,
'ne passable Rozinante,
Nähm ich dich ernstlich in meine Hut,
Daß ich den Koller dir bannte;
Ein leiser Traber – ein schmuckes Tier –
Ein unermüdeter Wandrer!
Kurz, wenig wüßt' ich zu rügen an dir,
Wärst du nur völlig ein Andrer.

Drum sei verständig, trab' heran,
Und laß mich ruhig gewähren,
Und sollt's dich kneipen, nicht zuck' mir dann,
Du weißt, oft zwicken die Scheren."
Mein Schimmelchen stutzt, es setzt seitab,
Ein paarmal rennt es in Kreisen,
Dann sachte trabt es den Anger hinab,
Dann stand es still vor dem Weisen.

Der sprach: „Dein Ohr – ein armer Stumpf!
Armselig bis du geboren!
Kommandowort und Siegstriumpf,
Das geht dir Alles verloren."
Drauf rüstig setzt er die Zangen an,
Und zerrt' und dehnte an Beiden;
Mein Schimmelchen ächzt, und dachte dann:
„O wehe, Hoffart muß leiden!"

„Auch deine Farbe – erbärmlich schlecht!
Nicht blank und dennoch zu lichte,
Nicht für die romantische Dämmrung recht
Und nicht für die klare Geschichte."
Drauf emsig langt' er den Pinsel her,
Und mischte Schwarz zu dem Weißen;
Mein Schimmelchen zuckt, es juckt ihn sehr,
Doch dacht' es: „wie werd' ich gleißen!"

„Und gar dein Schweif – unseliges Vieh!
Der flattert und schlenkert wie Segel,
Ich wette, du meinst dich ein Kraftgenie,
Und scheinst doch Andern ein Flegel."
Drauf mit der Schere, Gang an Gang,
Beginnt er hurtig zu zwicken,
Hinauf, hinunter die Wurzel entlang,
Von der Kuppe bis an den Rücken.

Dann spricht er freudig: „mein schmuckes Tier,
Mein Zelter edel wie Keiner!"
Und eilends langt er den Spiegel herfür:
„Nun sieh, und freue dich deiner!
Nun bist ein Paraderößlein, baß
Wie Eines von Münster bis Wesel."
Der Schimmelt blinzt, und schaut in's Glas, –
O Himmel , da war er ein Esel!

<An einem Tag wo feucht der Wind>
Erste Fassung

An einem Tag wo feucht der Wind,
Wo grau verhängt der Sonnenstrahl
Saß Gottes hartgeprüftes Kind
Allein am kleinen Gartensaal,
Ihr war die Brust so voll und enge
Ihr war das Haupt so dumpf und schwer
Selbst um den Geist zog das Gedränge
Der Adern blutge Schleier her

Sie sah am fernen Sees Bord
Der Liebsten leichte Schemen gehen
Und konnte nicht ein grüßend Wort
Gedanken kaum hinüber wehn,
Gefährten Wind und Vogel nur
In selbstgewählter Einsamkeit
Ein großer Seufzer die Natur
Und schier zerflossen Raum und Zeit

Sie sann und saß, und saß und sann,
An ihrem Arm die Grille sang
Vom fernen Felde nun und dann
Ein schwach vernommner Sensenklang
Die kleine Mauerwespe flog
Ihr ängstlich am Gesicht bis fest
Zur Seite das Gewand sie zog
Und offen ward des Tierleins Nest.

Und am Gestein ein Käfer lief
So scheu und rasch wie auf der Flucht
Bald in das Moos sein Häuptlein tief
Bald bergend in der Ritze Bucht
Der Hänfling flatterte vorbei
Nach Futter spähend, das Insekt
Hat zuckend bei des Vogels Schrei
In ihre Kleider sich versteckt

Da war ihr klar wie nicht allein
Das schwergefangne Gottesbild
Im Menschen, wies in dumpfer Pein
Im bangen Wurm, im scheuen Wild
Im durstgen Halme auf der Flur,
Das mit vergilbten Blättern lechzt
In aller aller Kreatur
Nach oben um Erlösung ächzt

Wie mit dem Fluch, so sich erwarb
Der Erde Fürst im Paradies
Er sein gesegnet Reich verdarb,
Und seine Diener büßen ließ,
Wie durch die reinen Adern trieb
Er Tod und Moder Mord und Zorn
Und nur die Schuld allein ihm blieb
Und des Gewissens roher Dorn

Der schläft mit uns und der erwacht
Mit uns an jedem jungen Tag
Ritzt unsre Träume in der Nacht
Und blutet über Tage nach
O schwere Pein, nie unterjocht
Von tollster Lust von keckstem Stolze
Wenn leise leis es nagt und pocht
Und bohrt wie Mad im kranken Holze

Wer ist so rein daß nicht bewußt
Ein Bild ihm in der Seele Grund,
Daß er muß schlagen an die Brust
Und fühlen sich verzagt und wund
So hart wer daß ihn nie erreicht
Ein Wort, daß er nicht mag vernehmen
Wo ihm das Blut zur Stirne steigt
In heißem bangem tiefem Schämen

Und dennoch gibt es eine Last
Die Keiner fühlt und Jeder trägt
So dunkel wie die Sünde fast
Und auch im gleichen Schoß gehegt
Er trägt sie wie den Druck der Luft
Gefühlt vom kranken Leibe nur
Bewußtlos wie den Fels die Kluft
Trägt er den Mord an der Natur

Das ist die Schuld des Mordes an
Der Erde Lieblichkeit und Huld,
An des Getieres dumpfem Bann
Ist es die tiefe, schwere Schuld,
Und an dem Grimm, der es beseelt,
Und an der List, die es befleckt
Und an dem Schmerze, der es quält
Und an dem Moder, der es deckt

Der Dichter – Dichters Glück

I

Die ihr beim fetten Mahle lacht
Euch eure Blumen zieht in Scherben,
Und was an Gold Euch zugedacht
Euch wohlbehaglich laßt vererben
Ihr starrt dem Dichter ins Gesicht,
Verwundert, daß er Rosen bricht
Von Disteln, aus dem Quell der Augen
Korall und Perle weiß zu saugen

Daß er den Blitz hernieder langt
Um seine Lampe zu entzünden
Im Wettertoben wenn Euch bangt,
Den rechten Odem weiß zu finden
Ihr starrt ihn an mit halbem Neid,
Den Geisteskrösus seiner Zeit
Und wißt es nicht, mit welchen Qualen
Er seine Schätze muß bezahlen!

Wißt nicht, daß ihn, Verdammten gleich,
Nur rinnend Feuer kann ernähren,
Nur der durchstürmten Wolke Reich
Den Lebensodem kann gewähren
Daß, wo das Haupt ihr sinnend hängt
Sich blutig ihm die Träne drängt
Nur in des schärfsten Dornes Spalten
Sich seine Blume kann entfalten

Meint ihr das Wetter zünde nicht?
Meint ihr der Sturm erschüttre nicht?
Meint ihr die Träne brenne nicht?
Mein ihr die Dornen stechen nicht?
Ja, eine Lamp' hat er entfacht,
Die nur das Mark ihm sieden macht!
Ja Perlen fischt er und Juwele
Die kosten nichts als seine Seele!

II

Locke nicht, du Strahl aus der Höh
Denn noch lebt des Prometheus Geier
Stille still, du buhlender See
Denn noch wachen die Ungeheuer
Neben deines Hortes kristallnem Schrein,
Senk die Hand mein fürstlicher Zecher
Dort drunten bleicht das morsche Gebein
Des der getaucht nach dem Becher

Und du flatternder Lodenstrauß
Du der Distel mystische Rose
Strecke nicht deine Fäden aus
Mich umschlingend so lind und lose
Flüstern oft hör ich dein Würmlein klein
Das dir heilend im Schoß mag weilen
Ach soll ich denn die Rose sein
Die zernagte, um Andre zu heilen?

Abendlied

Der Tag ist eingenickt
Beim Wiegenlied der Glocken;
Zum Blumenkuß sich bückt
Der Tau auf leisen Socken;
Die Sterne sammeln sich,
Sie winken sich und drehen;
Fern hör' ich Tritte gehen,
Doch ruhig ist's um mich.

Und wie die dunkle Nacht
Deckt Land und Meeres Gründe,
Und was der Mensch vollbracht,
Sein Heil und seine Sünde:
Vor dir ist alles klar,
Wie Flammenschriften glühen;
Wer mag sich dir entziehen,
Den je dein Wort gebar?

In Demut will mein Herz
Vor deinen Thron sich wagen;
Es will dir seinen Schmerz,
Es will dir alles sagen.
Die Sünd ist seine Not;
Hülfst du sie, Herr, nicht tragen,
Sie müßte ja mich schlagen
Zum ew'gen Seelentod.

Wenn aus mir selbst ich bau,
So muß mein Werk vergehen;
Wenn in mich selbst ich schau,
Kann ich nur Schrecknis sehen.
Als Kläger schauerlich
Stehn meines Herzens Tücke;
Doch wenn zu dir ich blicke,
Dann wird es hell um mich.

Und gläubig hoff' ich noch,
Du werdest mir verzeihen;
Du sahst mich sünd'gen, doch
Du siehst mich auch bereuen.
So oft in Demut ich
Vor deinem Thron mich funden,
so fließt aus Jesu Wunden
Ein Tröpflein Blut auf mich.

Ich halte mich an dich,
Mein Richter und mein Retter,
So nun als ewiglich;
Vergebens ruft der Spötter:
„O spare deine Müh;
Zu groß sind deine Sünden!
Und willst du Ruhe finden,
So denke nicht an sie!"

Wohl unglücksel'ger Pfeil,
Er trifft des Schützen Leben:
Mein Herr ist stark im Heil,
Und mächtig im Vergeben.
Wenn mein Gewissen droht,
Will ich das Kreuz umfangen;
Ach, der daran gehangen,
Er kennt ja meine Not!

Ich weiß, du zürnest nicht,
Schließ ich die Augenlider,
Und Kraft zu meiner Pflicht
Gibst du im Schlaf mir wieder.
Scheuch böser Träume Nacht
Von denen, die dich ehren;
Sie können sie nicht wehren,
Sie stehn in Schlafes Macht.

Ich trau auf deine Hand,
Weil alle deine Güte
Und Liebe mir bekannt,
Daß sie mich wohl behüte,
Und daß ein sichrer Hort
Das Übel von mir wende.
„O Herr, in deine Hände!"
Dies sei mein letztes Wort.

Das Wort

Das Wort gleicht dem beschwingten Pfeil,
Und ist es einmal deinem Bogen,
In Tändeln oder Ernst, entflogen,
Erschrecken muß dich seine Eil!

Dem Körnlein gleicht es, deiner Hand
Entschlüpft; wer mag es wieder finden?
Und dennoch wucherts in den Gründen
Und treibt die Wurzeln durch das Land.

Gleicht dem verlornen Funken, der
Vielleicht erlischt am feuchten Tage,
Vielleicht am milden glimmt im Hage,
Am dürren schwillt zum Flammenmeer.

Und Worte sind es doch die einst
so schwer in deine Schale fallen,
Ist Keins ein nichtiges von Allen,
Und jedes hoffst du oder weinst.

O einen Strahl der Himmelsau,
Mein Gott, dem Zagenden und Blinden!
Wie soll er Ziel und Acker finden?
Wie Lüfte messen und den Tau?

Allmächt'ger, der das Wort geschenkt,
Doch seine Zukunft uns verhalten,
Woll' selber deiner Gabe walten,
Durch deinen Hauch sei sie gelenkt!

Richte den Pfeil dem Ziele zu,
Nähre das Körnlein schlummertrunken,
Erstick' ihn oder fach' den Funken!
Denn was da frommt das weißt nur Du.

Carpe Diem!

Pflücke die Stunde, wär sie noch so blaß,
Ein falbes Moos, vom Dunst des Moores naß
Ein farblos Blümchen flatternd auf der Heide,
Ach einst von Allem träumt die Seele süß
Von Allem was, ihr eigen, sie verließ
Und mancher Seufzer gilt entflohnem Leide.

In Alles senkt sie Blutes Tropfen ein
Legt Perlen aus dem heilig tiefsten Schrein,
Bewußtlos selbst in grauverhängte Stunden
Steigt oft ein unklar Sehnen dir empor
Du schaust vielleicht wie durch Gewölkes Flor,
Nach Tagen, längst vergessen doch empfunden,

Wer, der an seine Kinderzeit gedenkt
Als die Vokabeln ihn in Not versenkt
Wer möchte nicht ein Kind sein und sich grauen,
Ja der Gefangne, der die Wand beschrieb
Fühlt er nach Jahren Glückes nicht den Trieb
Die alten Sprüche einmal noch zu schauen?

Wohl gibt es Stunden die so ganz verhaßt
Daß dem Gedächtnis eine Zentnerlast,
Wir ihren Schatten abzuwälzen sorgen,
Doch selten schickt sie uns des Himmels Zorn
Und meistens ist darin ein giftger Dorn
Der Moderwurm geheimer Schuld verborgen.

Drum wer noch eines Blicks nach Oben wert
Der nehme was an Liebem ihm beschert,
Die stolze wie die Stund im schlichten Kleide
Der schlürfe jeden stillen Tropfen Tau
Und spiegelt drin sich nicht des Äthers Blau
So lispelt drüber wohl die fromme Weide.

Freu dich an deines Säuglings Lächeln freu
Dich an des Jauchzens ungewissem Schrei
Mit dem er streckt die lebensfrohen Glieder
Wär zehnmal stolzer auch was dich durchweht
Wenn er vor dir dareinst, ein Jüngling, steht
Dein lächelnd Kindlein gibt er dir nicht wieder.

Freu dich des Freundes eh zum Greis er reift
Erfahrung ihm die kühne Stirn gestreift
Von seiner Scheitel Grabesblumen wehen,
Freu dich des Greises, schau ihm lange nach
In Kurzem gäbst vielleicht du manchen Tag
Um einmal noch das graue Haupt zu sehen.

O wer nur ernst und fest die Stunde greift
Den Kranz ihr auch von bleicher Locke streift
Dem kann sie nicht entgehn, die reichste Beute
Doch wir, wir Toren drängen sie zurück
Vor uns die Hoffnung – hinter uns das Glück
Und unsre Morgen morden unsre Heute.

Hoffnung

Laß das Leben wanken,
Laß es ganz vergehn,
Über seine stillen Schranken
Will ich ernst und mutig sehn.
Findet gleich Vernunft die Wege
In dem dunklen Lande nicht:
Hoffnung kennt die Stege,
Trägt ein sichres Licht.

Wenn mich alle lassen:
Meine Hoffnung bleibt,
Wird mich rettend dann umfassen,
Wenn mich Not und Sünde treibt.
Ob auch Tod und Trübsal wüte,
Ob Gewalt der Böse hat,
Herr, auf deine Güte
Bau ich meine Stadt!

Ihn muß ich beklagen,
Der die Hoffnung senkt;
Ach, wie konnte er verzagen,
Wo des Herren Wille lenkt!
All sein Trost in Schmerz und Leiden,
All sein Ruhm in Spott und Schmach
Mußte von ihm scheiden,
Da die Hoffnung brach.

Wer sie will umschmiegen
Und nicht läßt in Not,
Spricht: „O Grab, wo ist dein Siegen,
Und wo ist dein Stachel, Tod!"
Keine Macht ob seinem Herzen
Hat der Trug und eitle Schein,
Und aus bittern Schmerzen
Preßt er süßen Wein.

Jesu, mich behüte,
Stärke mein Bemühn;
Ach, es war je deine Güte,
Die die Hoffnung mir verliehn!
Wolltest du von mir dich wenden,
Alles Gute wendet sich:
Sünden ohne Enden,
Schmach und Schuld um mich!

Hast du Leid beschlossen,
Ist die Prüfung da,
Herr, ich trag es unverdrossen,
Bleibt mir deine Hoffnung nah.
Alles magst du mir entziehen,
Was mein Leben heiter macht,
Hoffnung wird mir glühen,
Wie ein Stern zur Nacht.

Willst du Freuden schicken,
O du Herr so mild,
Willst du mir mein Leben schmücken
Mit des ird'schen Glückes Bild:
Laß mein schwaches Herz nicht offen
Sein für diese eitle Welt;
All mein stilles Hoffen
Sei auf dich gestellt!

Wenn dann meine Stunde
Nun geschlagen hat,
Und von meinem bleichen Munde
Kaum noch tönt dein Name matt:
Ach! dann werd' ich freudig schauen,
Wie mein Hoffen mag bestehn;
Denn ein fromm Vertrauen
Läßt nicht untergehn.

Aus dem ersten Verlag der Droste

Herbert Kraft

Annette von Droste-Hülshoff.

Ein Gesellschaftsbild

Es liest sich wie eine Erzählung. Geschildert wird die Gesellschaft, in der Annette von Droste-Hülshoff gelebt und geschrieben hat. Dokumente und Abbildungen zeigen den geschichtlichen Hintergrund, auf dem ihre Texte die Zeitverhältnisse erklären. Ein literarisches Porträt entsteht und zugleich ein Gesellschaftsbild. Auch Gedichte, die bisher wenig beachtet wurden, sind jetzt interpretiert: die frühen Versuche, Entwürfe aus dem Nachlass, analytische ‚bürgerliche Gedichte', Vormärz-Lyrik, elegische ‚biographische Gedichte' und die Klänge aus dem Orient, eine ‚lyrische Erzählung' von Liebe und Gewalt. 192 Seiten (mit Gedichten), 58 Abbildungen, davon 22 in Farbe, fester Einband, 18,50 Euro. ISBN 3-402-03214-7.

Rita Kauder-Steiniger / Anette Wohlgemuth

Annette von Droste-Hülshoff

Adliges Fräulein und selbstbewußte Dichterin

Ein „Album" mit 36 Bild- und Textzeugnissen: Bilder aus dem Leben der Droste und ihrer Familie – Bilder von Freunden und Persönlichkeiten – alte Ansichten der Stadt Münster und mehrerer Droste-Stätten – Abbildungen von Werken und Briefen der Dichterin und aus Büchern ihrer Zeit. Gedichte der Droste: Die Auswahl gibt Einblick in die verschiedenen Schaffensphasen der Dichterin und zeigt ihre thematische Vielfalt. Ein Begleitheft mit drei Darstellungen: 1. Zur politischen und gesellschaftlichen Situation im Münsterland zur Zeit der Droste – 2. Adliges Fräulein und selbstbewußte Dichterin – 3. Eine Einführung in das Werk. Alle drei Teile zusammen in flexibler Klarsichtmappe 15,30 Euro. ISBN 3-402-02741-0.

Annette von Droste-Hülshoff

Der Spiritus familiaris des Roßtäuschers

Wie in der „Judenbuche" sinnt die Droste auch hier über die Wirklichkeit des Bösen in der Welt nach. Wie in alten Mysterienspielen ringen Segen oder Verderben bringende Mächte um die Seele dessen, der dem Bösen schon anheimgefallen scheint. Hrsg. von Clemens Heselhaus in der Handschrift der Dichterin. 52 Seiten, Pappband, 7,70 Euro. ISBN 3-402-03741-6.